소소한 독백

박충윤 제2시집

계간문예

소소한 독백

시인의 말

내 속의 작은 아이를
반갑게 만난 지 여러 해가 지났다.
그동안 그 아이는 어디로 갔을까.

아침에 일어나 잠들 때까지
궁금증과 호기심, 설렘이 가득한 채
묻고 또 물었다.

어떤 때는 화두話頭를 핑계로
어떤 때는 자연自然에 빗대고
어떤 때는 남 탓도 하였다.

적지 않은 시간 동안 많은 일들이 있었다.
가슴 속에 품고 있는 인연因緣들
그동안의 소소疎疎한 독백獨白을 꺼내 본다.
오늘은 참으로 행복한 날이다.

■ 차례

시인의 말 • 5

제1부 계절의 추억

고향의 봄 • 13
한곳의 추억 • 14
잊히지 않는 봄 • 15
그새 • 16
봄의 귀환 • 17
참 비 • 18
해갈 • 19
정停 I • 20
뻐꾸기 합창 • 21
도야 호수 • 22
멈춰 버린 시간 속에서 • 23
오해는 없었다 • 24
행복한 눈물 • 25
우중 산행 • 26
돌아온 입추 • 27
새 가을의 향기 • 28
가을 친구 • 29
가을 꿈 • 30
아우토반 • 31
멈춰서 가듯이 • 32
철 지난 편지 • 33
술래잡기 • 34
음풍농월吟風弄月 • 35
길섶에 서서 • 36

제2부 인생살이

인생살이 Ⅰ • 41
불친절한 편곡偏曲 • 42
인생살이 Ⅱ • 43
내 속의 나 • 44
한줌 인생 • 45
상허常虛 Ⅱ • 46
시야비야是也非也 • 47
내려가려고 • 48
심금心琴 • 49
갈지자걸음 • 50
곡주 한 잔 • 51
신호 표지판 • 52
손목시계 • 53
안경 너머 • 54
낡은 지갑 • 55
만년晩年 • 56
인생 네 컷 • 57

제3부 인연의 시詩

고향 가는 길 • 61
추억 속의 얼굴 • 62
새 인연 • 63
아내 • 64
강물의 추억 • 65
사부곡思父曲 • 66
그리움 • 67
어머니의 차창 밖 • 68
옆자리 • 69
사모곡思母曲 • 70
사대四代의 눈물 • 72
문턱 • 74
시詩의 문고리 • 75
착각錯覺 • 76
시인 • 77
최고의 사치 • 78
정停 II • 79
어화둥둥 어둥둥 • 80
오르골 선녀 • 81
시인의 행복 • 82
물음표 • 83
늦가을의 동행 • 84
시간 여행 • 86
좋은 일 • 87

제4부 초록몽蕉鹿夢

회개 • 91
한 번쯤 거꾸로 • 92
가면假面 • 93
무지렁이 • 94
두 개의 문 • 95
소낙비울음 • 96
제각각 • 97
전경前景 • 98
올라 보니 • 99
어른 바다 • 100
마중물 • 101
나에게 묻는다 • 102
눈치 • 103
마음 휴지통 • 104
초록몽蕉鹿夢 • 105
내 그림자 • 106
별과 나 • 107

제1부

계절의 추억

고향의 봄

봄바람이 살짝궁 쌀랑대자
굳었던 바위 얼굴을 간질이고
산골 물이 흥겹게 노래 부르자
꽃아카시아 머금은 향기를 보탠다

오랫동안 꿈꾸던 개구리 눈뜨고
먼 길 가던 노인네 지팡이에 시름 사라지니
까치는 그저 좋아라 싱글벙글 웃는다
모두 다 나를 사랑한다고 이야기한다

두 팔 벌려 한껏 껴안는다
고향의 봄

한곳의 추억

사리살짝 다가온 새봄 소식
매화꽃 산수유꽃 벚꽃 바람 속에서
무심코 바라본 어느 한곳

긴긴 겨울 내음 쓸어 내고
속 좁은 마음 훌훌 털어 버리고
이곳저곳 울어 대도 방싯 웃는 봄꽃 미소

한곳만 찾았던 청춘의 추억들은
재가 되어 날아갔다
그토록 기다렸던 봄바람은
여러 곳에서 온다는 것을 잊어버렸다
지난 열정과 환상이 그립다

오늘따라 고향에 가고 싶다

잊히지 않는 봄

허울 좋은 코로나 핑계에 갇혀
옴짝달싹 못 하고 그 자리에 서 있다
삭풍 불던 동장군이 저만치 지나가자
꽃 없는 봄바람이 슬그머니 들어앉았다
새 옷으로 갈아입은 올봄에 개나리 필까

꽁꽁 얼었던 강물은 어제 뒤로 숨어 버린 지 벌써 오래
어서서서 돛단배 띄우라 재촉한다
봄바람 타고 새들이 노래한다
하나둘 그 자리에 모여 수군댄다
그 누가 뭐라 해도 봄은 다시 왔다

나 혼자 아닌 척 했다

그새

꿈틀거리는 대지 위에
봉곳봉곳 부풀어 오른 꽃망울들
살포시 다가온 바람이
옛 애인을 불러온다

수줍어 미소 짓는 진달래와
반갑게 손을 흔드는 백목련
사립문을 비집고 나올 기세의 철쭉

동토凍土에 숨겨 놓았던 화음花音
그 옆에 한참을 앉아 있다
예전 그곳에 새집이 들어섰다
소리 소문도 없이 나지막이
그새

봄의 귀환

긴 잠에서 깨어난 두멧골에 봄이 스며들자
꽃샘바람이 가슴을 설레게 하고
계곡 물은 의기양양하게 강으로 내려간다

꽃망울 머금은 벗나무는 딴청 피우고
고운 소리 직박구리가 딸꾹질하자
봄 기지개 켜는 해님은 방싯 미소 짓는다

새봄이 옆에 앉아 있었는데 몰랐다
잊지 않고 다시 찾아온 반가운 친구

참 비

한 방울 또 한 방울
덮고 덮어버린다
속상함 괴로움 슬픔과 기쁨도
잠재우는 한 방울

한 줄기 또 한 줄기
쓸고 쓸어내린다
나태함 무력감 절망과 흥분도
휘감치는 한 줄기

이른 봄날 잔잔한 빗줄기가 새싹을 틔우니
빼꼼 고개를 내밀고픈 새 생명들
논둑 물을 가두는 농부와 어우러지는 빗물 땀
새 희망이 없어진 것은 아닌 모양

잊혀진 땅속의 흥망성쇠를 잊은 듯 아닌 듯
제집 찾아온 한 방울 한 줄기 우두둑
햇살을 기다리는 빈농의 얕은 마음
그게 참 비인 걸 오늘 알 수 있으려나

해갈

숲속의 비릿한 내음이
가슴속을 훅 치며 들어온다
봄가물에 지쳤던 나무들이 땀을 씻어 낸다
막혔던 숨통이 트인다
땅속 깊이 박힌 낙엽들도 천국에 가게 되었다

사계절을 구분 못하는 세상사
지칫지칫 한 걸음 내딛는다
오그라들었던 나무와 개울에 길이 뚫린다
온갖 짐을 뒤집어썼던 바위도 제 얼굴 드러낸다

한밤중의 폭풍우가 이리도 반가울 수가
어느새 비릿한 내음이 온 세상에 아침 밥상을 차렸다
올여름도 살아갈 수 있게 되었다
두둥실 떠오른 싱그러움

정停 I

스쳐 지나는 무심한 비의 선율 속에
숨죽인 구름 속 번개
땅에 발 딛기도 전에 멈춰 버린
소소蕭蕭한 장맛비 소리

멈추어 선 숨소리 뒤에
숨어든 침묵의 언어
어떡하지

해 질 녘까지 허튼걸음
일손 놓고 서 버린 손목시계
유유자적하며 산천 주유하니
잃었다던 시간은 오롯이 내 것

뻐꾸기 합창

이슬방울도 숨을 고르는 이른 아침에
숲속 저 멀리서 아련히 들려오는
뻐어꾹 뻐꾹 소리
창공을 한번 날아갈 때마다
한 마리씩 곁을 같이 한다

꼭두새벽부터 무슨 할 말이 그리 많은 지
뻐꾹 소리가 모여 합창단을 만들고 있다
밤새 별일 없었냐고
어제 태어난 아기들 잘 있냐고
그 소리 들으며 나도 뻐꾸기인 양 한다

뻐꾸기 소리 모여드는 이 숲이 참으로 좋다
고마운 마음에 가슴 콩닥거리며 오늘을 연다

도야* 호수

칼데라호의 시리도록 투명한 파광波光
하늘과 호수 누가 위인지 알 길 없고
간간이 떠있는 산들은 애꿎은 경계만 만들뿐
맑은 호수를 숨겨주려고
아침 안개가 하얀 무명옷을 입혀 주는
바람 한 점 없는 여름날

그물을 걷는 어부의 작작한 얼굴 향기
호수에 비친 뭉게구름은 물에 빠져 허우적대고
토박이 갈매기는 바다인 줄 알고 마냥 즐겁다
인생도 숨 쉬어 가는 이곳에서
지그시 눈감고 그들과 춤추고 싶다

* 도야호(洞爺湖) : 일본 홋카이도 남서부 시코츠도야 국립공원 내 있는 칼데라호

멈춰 버린 시간 속에서

갈 길 바쁜 한여름 날 오후
불청객 코로나19로
온 세상의 시간이 멈추어 서 있다
심연深淵에 묻어 둔 아우성들이
문 열어 달라 난리법석이다

꿀 따기 바쁜 벌과
마냥 분주한 일개미는
잠들어 버린 시간들을 모른 듯
그들이 다치지 않게 겨우 한 발자국씩 떼며
보이지 않는 길을 가고 있다

왁작박작 아우성들이 하나씩 기어 나온다
도도히 흐르는 강물과
오늘 하늘은 이를 알까

오해는 없었다

세찬 장맛비를 삼킨 채
무심히 흐르는 강물 위에
속절없는 울음을 한 바가지 토해 낸다
시원하다 못해 온 몸이 송두리째 흔들린다

한 뼘의 오해가
한 길의 불신을 일으킨 어제와 그제
이제 어디에 서서 무엇을 바라보나
쏟아지는 눈물을 여린 두 손가락으로 막아 본다

서글픔과 한스러움이 깃든 다리를 건너
아직도 뜨지 않은 해를 기다린다
눈물샘이 터진 눈에는
어디에서 해가 뜨는지 알 수 없다

모두가 조용히 있다
무슨 일이 있었나 모르는 눈빛들이다
들꽃과 뭇 새들은 모두 즐겁기만 하다
지녔던 한 줌의 오해는 나만의 착각이었다

행복한 눈물

강바람 날자 어린 갈대가 파란 춤을 추고
이에 질세라 한강 물도 앞다퉈 내뺀다
수양버들은 어느 편에 설 지 몰라 갈팡질팡한다

길 가던 나그네는 겉치레 옷을 벗고
갈대숲으로 달려가 풍덩실 몸을 던진다
어디로 실려 갈까 생각할 겨를 없다

강물 한 번 갈대 바람 한 번에
주르륵 흐르는 한 줄기 눈물
한여름 날 아침의 고마운 행복

우중 산행

기다리던 고마운 비가
뚜두두둑 떨어진다
나 보란 듯이

우이암牛耳岩* 오르는 내 옆의 내川는
졸졸졸 아무 생각도 없이
흐르고 흘러 바다로 간다

길섶에 멈춰 서서
고개 숙여 절하는 고목古木들은
내 알까 너 알까
무상無常 아닌 무심無心 표정을 짓고 있다

숨죽여 흐르는 작은 내川의 속삭임은
산중의 정적을 흩트리고
콩알만 해진 백일홍 가슴은
무얼 찾으려고 그리 서두르는지
우이암 불경 소리에 그만 숨어들고 싶다

* 우이암牛耳岩: 북한산국립공원의 도봉산에 있는 암봉.

돌아온 입추

물비린내 흠뻑 뿌리고
홀연히 사라진 심술 장마
언제 그랬냐는 듯 밝은 햇살 부채가 펄럭이자
수양버들이 한껏 몸을 흔들고
가슴 졸였던 강물은 숨을 고른다

비좁은 방에서 까막잡기하던 어린아이들은
만세 부르며 풀죽었던 골목길을 흔들고
무심한 하늘 탓하던 매미들도 목청 돋운다
잊었던 입추가 이제야 돌아왔다

새 가을의 향기

넘실대는 한강수에 바람이 살랑이자
억새풀이 서그럭서그럭 노래 부르고
포플러나무들은 연신 고개 숙여 박자 맞춘다
능수버들은 두 팔 벌려 흥겹게 춤을 춘다

한여름 무더위야 물렀거라
뜨거운 대지를 적실대로 적신 장마도 가거라
켜켜이 쌓인 온갖 먼지들을 날려 버려라

물소리 바람 소리 사그라들자
강물 속에 숨어 있던 초승달이 떠오른다
색바람 타고 새 가을의 향기가 성큼 다가왔다
그렇게 기다리던 날이 드디어 시작되었다

가을 친구

한여름 억수장마가 그치니
계곡의 물소리는 가쁜 숨을 고르고
새 친구를 마중 나간 오색 단풍은
바람의 질투에 낙엽이 되어 주는 순종의 계절

다람쥐의 이른 겨울나기 채비에
화들짝 놀란 서늘바람이 흰 구름을 쫓아내니
덩달아 뛰어오른 청명한 하늘
그 속에서 노니는 산사山寺의 유유자적한 풍경風磬
때가 되면 어김없이 찾아오는 오랜 친구

가을 꿈

보드라운 강아지풀 위로
무심하게 한들거리는 갈대
새초롬한 코스모스 사이로
사뿐사뿐 춤추는 나비

살랑이는 갈바람에
수줍게 일렁이는 잔물결
어머니 품 같은 양떼구름
그 속에서 살고 싶다

아우토반*

쭉 뻗은 고속도로 옆
우뚝 선 풍력 발전기의 바람개비가
뱅글뱅글 돌며 속가슴을 파고든다

빼곡한 나무들은 거저 얻은 바람 선물에
일껏 젖은 땀을 걷어 내고
들판의 청청靑靑한 밀과 보리는 하릴없다

청초한 하늘엔
거짓 없는 해가 빙그레 웃고
골내지 않는 구름은 모른 척 하고 있다

영근 곡식 옆의 유유愉愉한 농부는
복을 뺏길라 딴전을 부린다
제 갈 길 바쁜 아우토반 옆의 세상사

* 아우토반 : 독일의 자동차 전용 고속도로(Autobahn).

멈춰서 가듯이

어제
그리고 오늘이
멈춘 채 가고 있다
사유의 방에서 나와
중얼거리며 간다

가고 있음이 분명한데
걸음걸음이 보이지 않는다
지나온 발자국도 흔적 없다
지금 여기가
문 안인지 밖인지 헷갈린다

앞으로만 가는 머리를
발은 저만치 뒤에서 쳐다보고 있다
저 위의 말간 해는 내일도 같이 있을까
공활空豁한 가을 하늘의 양떼구름이
무심한 내 속을 그냥 지나고 있다

철 지난 편지

갈바람 타고 온 철 지난 편지는
여태 기다리는 마음 졸여 애를 태우고
빨리 가려고 재촉하는 발걸음은
미아리 고개*에 가로막혀
숨이 차오르고 얼굴이 허예졌다

산들산들 부는 재넘이가 땀을 식혀주고
남몰래 다가온 단풍은 조심스런 속내를
숨기지 못하고 발갛게 물들었다
이제 막 도착한 그 편지를
말간 가을 햇살에 하얗게 태우고 싶다

오늘 보낸 편지는 제때에 도착할까

* 미아리 고개: 서울특별시 성북구 동선동과 돈암동 사이에 있는 고개.

술래잡기

툭 툭
누군가 어깨를 친다
뒤돌아보니 아무도 없다
낙엽이 그랬나
수줍은 시골 가로수 길가에
낙엽만 수북이 쌓여 있다
모르는 사이에 가을이 지나가고 있다

오늘따라 강물도
아무 말이 없다
작은 가슴 열고 목청 돋워 외쳐 본다
어디 있냐 어디 있냐고
흔한 산중 메아리도 없다
그렇게도 힘들었던 올 가을이
겨울 뒤로 숨어 버리고 있다

못 찾아도 괜찮다

음풍농월 吟風弄月

소슬바람도 쉬어가는 깊고 깊은 밤
에움길 돌아 여릿여릿 들려오는 대금 소리
끊일 듯 말 듯 달막달막 어우러져
내 아닌 듯 무심한 척하며
장탄식 속에 숨어버린 그 애달픔들

늦가을 밤의 조심스런 춤사위에 홀려
한가락 산조에 울음 한 숟가락 보태니
보름달도 휘우청휘우청
내 나이 들었다 온 동네 큰소리 치고 다녀도
음풍농월 吟風弄月하지 못해 궁싯대고 있다

길섶에 서서

이러쿵저러쿵 살아왔다
이 길이 맞나 저 길이 맞나
거리낌 없이 걸어왔다
오욕칠정이 어우러졌던 그 길을
한 해 춘하추동과 어찌 비교할 수 있나

이리 부딪치고 저리 부딪혀 왔다
생존과 안전, 성취의 길 위를
뚜벅뚜벅 걸어왔다
모두가 뒤엉켰던 비빔밥 그 길
찰나에 가려진 한 인생은 어찌 살아왔을까

고향 뒷산과 객지살이 앞산
제대로 된 나침반 없이
이 산 저 산을 넘고 또 넘어왔다
오르고 내렸던 그 길을 기억이나 할까

한참을 가다가 벗어난다
이 길이 내 길인가 저 길이 내 길인가
앞을 막고 있는 작은 돌부리와 씨름한다

그 돌이 그곳의 주인인데
나만 모르고 있는 나의 길

그 길을 살면서
눈물 흘리지 않으려 애써왔건만
빙그레 웃고 있는 그 길이 나에게
타박타박 걸어오라 한다
오늘도 어김없이 그 길섶에 서 있다

제2부

인생살이

인생살이 I

인생은 징검다리
한 걸음마다 신기하고 귀한 인연들

최고 최선이었다는 지난 말들
인생에서 장난이 있을까

한 해가 더해질수록 얻는 것보다
잃는 것이 점점 많아진다

인생이 내게 그리 살라 하니
두 손으로 받아들인다

세상의 눈은 항상 살아 있고
옳든 그르든 모두 남겨지는 현실

어제의 나와 오늘의 나는
인연이 필요 없는 존재
내가 나였었다는 것을 언제쯤 알게 될까

불친절한 편곡偏曲

그냥 철없이 살아온 거지
꽃을 버려야 열매를 맺듯이
딱 한 살씩만 더 먹고 있을 뿐인데

하릴없이 어정버정 하루를 보내고
불친절한 편곡들만 주저리 늘어놓는다

모두 거짓말이었으면 좋겠다
언젠가 올 죽음에 준비된 사람은 없다
그저 철없이 살다 갈 뿐

무얼 남기고 떠날까
새로이 떠오른 오늘의 편곡偏曲
그것참 괜찮다

인생살이 II

아침에 눈을 떠
세상살이 기둥 하나 세우고
밤에 잠들기 전에
서까래 하나를 단단하게 얽는다

잠들지 않는 꿈나라로
살금살금 들어가
구름 위 세상에서 한껏 뛰논다
풍랑 없는 인생살이 있을까

내 속의 나

내 속의 나를
한 꺼풀씩 꺼내볼 때마다 짜릿하다
세상 욕심에 휘둘려 살아온 날들을
한 번 버리고
두 번 버릴 때마다
공허함 속에서 피어나는
이름 모를 꽃 한 송이

한 번 더 보려는 마음이 들 때마다
어김없이 찾아드는 딴전
눈 감을 때까지 알 수 있으려나
내 속의 나를

한줌 인생

주먹을 꼭 쥐고 세상에 나와
백 미터 달리기 경주가 전부인 양
숨 한 번 제대로 쉬지 않고 달렸다
결승선에 다다르자 끝이 아님을 알아챘다

두 주먹을 꼭 쥐고 또다시 달렸다
원하지 않았던 산도 넘고 강도 건너며
사계절과 함께 몸부림을 쳤다

기나긴 여행의 끝자락에 접어들며
어느새 조막손이 되어버린
두 손을 찬찬히 들여다본다
무엇이 그리 귀하다고 움켜쥐고만 있었는지
남은 것은 마음속 추억 사진 몇 장 뿐

한줌 밖에 안 되는 시간과 공간 속에서
달리면서 흘리고 다닌 시詩들
그 속에 지나온 인생 얼마나 있을까
원래 있었던 곳으로 가고 싶다

상허常虛 II

살랑살랑 봄바람이 나무를 간질이고
아기 시냇물이 웃음소리를 터뜨리는
나른한 봄날 오후

수많은 조합들의 거짓을 버리고
진실된 나를 찾는다
마음들과 조심스런 해후邂逅

궂은 날들을 과거로 꾸겨 넣고
따듯한 커피 향을 떠올린다
필요충분조건을 버린다

새로운 나를 만나는 즐거움
거짓 속에 숨지 않은
근사한 봄날의 비움
그 향기가 가슴속 깊이 스며든다

시야비야是也非也

살며 살아가며 내 뜻인 척해 온 그 길
아쉬웠던 일들을 떠올리며 누구 탓 할 수 있나
무어 그리 대단한 봄을 기대했었을까
불꽃 소용돌이가 사그라진 지금
시야비야是也非也할 수 있을까

한숨 돌린 주막 나그네는
막걸리 한 사발로 허기진 배를 채우고
취한 양 해 봐도
가만히 웅크리고 있는 숨죽인 영혼
웃고 싶은 그 속을 꽃샘바람이 달래줄 수 있을까
그저 뚜벅뚜벅 걸어갈 뿐

내려가려고

오늘도 산에 오른다
내려가려고 올라간다
한 발자국 땀 한 방울에
옛일들이 송골송골 배어난다

오를수록 비우니 가벼워진다
내 안의 작은 아이가
보시시 고개 들어 묻는다

비우는지 채우는지 모르겠다고
그를 얼싸안고 대성통곡한다
그저 오르고 내리면 되는 것을

심금心琴

오딱 딱
딱따그르르
이루 표현할 수가 없다
청아한 소리를 넘어서
한 줄기 눈물이 주르륵 흐른다

알 길 없는 독경讀經 소리와
목탁 소리가 한데 어우러져
산사山寺 천왕문을 넘나들자
괜스레 큰 죄를 지은 듯
피멍 맺힌 눈물이 뚝뚝 내려앉는다

한숨을 내쉬고 나니
어느샌가 해말간 해님이 미소 지으며
머리 위에서 지키고 서 있다

심금心琴을 울리던 소리가 사라지니
용서받은 착각만 그득하다

갈지자걸음

한 발짝 한 발짝 잰걸음을 놓는다
개미 한 마리 밟힐세라 가슴이 콩닥콩닥
어디로 갈 지 몰라
발아래는 수심에 찬 눈길이 가득하다
행여 사고 날까 매미들은 아우성치고
노란 나비는 자기를 따라오라 날갯짓한다

어느새 갈지자로 걷고 있다
개미들이 어디로 갈지 알 길이 없다
개미 걸음에 맞춰 우왕좌왕 어쩔 줄 모른다
공룡 같은 걸음마 모습에 코웃음 치는 그들
내 어디로 가고 있는 지 잊은 지 오래
그래도 오늘 개미 한 마리 더 살렸다

구경하던 이들이 잘했다 손 흔들며 인사한다
오늘 개미들과의 마라톤은 기분 좋은 꼴찌다

곡주 한 잔

문제가 많답니다
뭐가 문제요
글쎄요 다시 생각해 보니 아니네요

살아가면서
문제가 생기는 것이 순리인데
여태껏 몰랐었나 지금만 모르고 있나

문제 낸 이도 모른다는데
답하는 이는 뉘를 탓할 수도 없다
이제는 새로울 것도 없는데
내 탓 네 탓하는 일이 우습기만 하다

애초부터 없던 문제인데
남들의 얘기는 건듯건듯 듣고
나만 모른다 하는 인간사
하여 곡주 한 잔

신호 표지판

행복과 불행의 중간 어디쯤엔가 서 있는 삶
지금 행복하지 않으면 어떡하나
어린 생각의 습격

피할 수 없는 슬픔을 받아들이지만
무릎을 꿇고 싶지는 않다
마음의 감옥으로부터 자유롭고 싶은 오늘
일인칭에서 뛰쳐나와
이인칭, 삼인칭을 바라본다

생각의 신호 표지판 앞에서
돌아가지 말자고 외친다
현재와 미래가 오염되지 않도록
과거를 하나씩 흘려보낸다

어두운 생각의 늪에서 나를 잊는다
늙은 생각 비우니 행복하다

손목시계

째각째각
시계 초침이 오른쪽으로 돈다
수십 년 같이 살았는데
반대로 간 적은 없다
한 바퀴 돌아
나 몰래 분침이 한 칸 돌아앉았다
초침과 한마디도 안 했는데

손목시계도 무거운 오늘 삶
뭇사람들은 시계를 차지 않는다
그저 앞만 보고 하염없이 걷는다
살아가는 시간을 알 필요가 없는 것일까

태엽을 질끈 감는다
지난 일 잊지 않고
지금 여기에 살며
내일을 꿈꾸려

나는 오늘도 손목시계를 찬다

안경 너머

김 서린 안경 너머로
희뿌연 세상이 펼쳐진다
제대로 된 자태가 보이지 않는다
사람도 나무도 꽃도 온통 두루뭉술하다
하나씩 눈으로 잡으려 해도 도망가기만 한다

보려는 것과 보이는 것이 같지 않은
지금을 탄식하며 큰 숨을 고른다
안경을 벗고 나니 생각했던 세상 그대로다
오늘도 착각하고 싶었나 보다

그래도 새봄은 또 온다

낡은 지갑

수십 년 내 곁을 떠나지 않았던
낡은 가죽 지갑
어쭙잖은 가장 노릇 하느라
그동안 우여곡절이 많았다

생일 선물로 받은 새 지갑을 보니
명품 상표는 눈에 들어오지 않고
분신 같았던 낡은 지갑만 생각난다
지갑 한 칸마다 드나들었던 추억들
여러 번 바뀐 신분증과 명함 가족사진
망설이고 망설이다
낡은 지갑을 가슴에 대 본다

헌 지갑을 남이 보지 못하게
까만 봉투에 꽁꽁 싸서 버렸다
눈물이 핑 돈다
새 지갑에 또 하나의 기대를 걸어 본다

만년晩年

이리 즐거울 수가
교만과 불평을 버린 지금
밝은 햇빛 내음이 가득하다
비뚤어지지 않을 남은 생
남겨진 나에 대한 최선의 예의 아닐까

어리광을 버리고
지난날의 속 좁은 마음을 용서하니
썩어가는 낙엽의 체취가 물씬 풍긴다
늙은 숲속에 선 어른다움을 지키고 싶다
파도 같은 새로운 자극이 움튼다

과거의 정의定義를 버리고
더 큰 하나를 얻은 고마운 만년晩年
텅 빈 마음속에 상큼한 햇살이 가득
아무것도 남기고 싶지 않은 새로운 시작
유감遺憾이라는 단어를 쓰레기통에 쑤셔 넣었다

그동안의 비움은 날갯짓 시늉

인생 네 컷

오늘도 꿈을 꾼다
인생 네 컷
그저 바라는 것은 행복 한 가지
우듬지에서 밑동까지

반음半音 뿐이었던 지난 인생 이야깃거리
이제부터 희망을 안겨 주고 싶은 새 이야기들
공감해 줄 이들이 있을까

여태껏 혼자가 아니었다 나는
무엇을 더 기다려야 하나
늙지도 않는 고민들로 가슴이 두근거린다
한참 궁리 끝에 원점회귀

앞으로의 인생 네 컷
기승전결
지금부터 새로이 찍고 싶다

제3부

인연의 시詩

고향 가는 길

살같이 지나가는 기찻길 옆에
정지된 듯 스쳐가는 시공간들
곁눈질하는 무심無心 들킬까봐
숨바꼭질하는 한 폭의 풍경화

논배미 한 자락 속에
허리 굽은 촌로의 해말간 미소
세상을 기웃기웃하는 새소리와
숨죽여 엎드려 있는 개울물
고개 숙여 수줍어하는 벚꽃은
눈 둘 곳 몰라 하얀 웃음만 빙긋

갑작스레 보고픈 옛 친구들

추억 속의 얼굴

떠들썩한 고향 길가에 뼈를 드러낸 돌나무
스산한 구름과 잔뜩 찌푸린 아침 해
숨죽인 새소리
길을 잃어 갈팡질팡하고 있는 노인

철창 밖으로 입 내밀고 있는 아우성들
푹 꺼진 눈언저리와 깊이 패여 낯설어진 주름
콩알만 한 가슴과 진정성 없는 광대탈
나 아니라고 에둘러대는 무심한 흉내질

큰 숨을 내쉬어도 그 얼굴에 그 거죽
이제는 되돌릴 수 없는 부르튼 속
중천에 뜬 해는 가만히 고개 숙여
또 다른 얼굴을 보려 한다
고향 떠나 내 무슨 짓 했나

오늘따라 추억 속에 두고 온
친구 얼굴들이 아련히 떠오른다

새 인연

황황히 새 인연을 만들고 나니
또 다른 벽에 갇혀 길 한복판에서 얼밋얼밋

남 탓하고 나니 이내 슬픔이 한 바가지
스님도 모른다고 했던 인연이라는 나무 이야기

어릴 적에 한 귀로 흘렸던 그 나무의 인연
내 몰랐나 모른 척 했었나

무릎을 꿇고 머리 조아려 절하고 나니
해맑게 웃어 주는 옛 친구들 얼굴이 떠오른다
그때의 인연을 이제라도 두텁게 만들어 볼까

아내

어느 날 아내는 애기했다
역사 철학 심리학 말고 소설을 보라고
무슨 뜻인지 알 수 없었다

어느 날 아내는 말했다
세상 이치 따지지 말고 느낀 것을 말하라고
며칠 밤을 새워도 몰랐다

어느 날 아내는 화를 냈다
아는 척 말고 받아들이라고
뱃놈 배 둘러대도 할 말이 이제는 없다

산에 올라 하작이고
사계절 지나도 몰랐던 참뜻을 알았다
고마운 인생 행복한 눈물 미안한 속가슴
이미 한참 늦었지요
사랑합니다

강물의 추억

이른 아침
강가에 홀로 앉아 있는 할머니
흐르는 강물에 두 손을 담가
지나간 추억을 품은 강물을 쓰다듬는다

오래전 남편을 떠나보낸 그 강물 속에서
자신의 옛 사진들을 찾아본다
한참을 뒤적이고 헤아려보아도 이제는 없다

언뜻 강물에 비친 소녀의 얼굴
곱고 뽀얀 모습에 강물이 주름을 그려 넣는다
잠시 후 깊게 패인 얼굴을 어루만진다
이제 모든 것을 떠나보낼 때가 되었다고

스쳐지나간 나이를 믿지 못하는 할머니
두 손을 또 한 번 담가 본다

사부곡思父曲

그동안 잘 계셨어요
무어 그리 바쁘셨다고 훌쩍 떠나셨나요
처자식은 안중에도 없었던 모양이네요
가시던 길 조금 더 참으셔도 됐는데
아직도 어쩔 줄 몰라 하는 남겨진 눈망울들

휜 허리 등에 세상의 짐 가득 맨 채
안쓰러움만 남긴 채 떠나신 아버님 얼굴

하늘고개 오를 여유가 없었던 지난 십여 년
보광사 영각전靈閣殿에 들어설 때마다
가녀린 마음 큰 잘못 탓만 하며
에둘러대는 어리광은 잠시 접어 둔 채
두 번 절하고 나니 괜스레 부끄러움만 가득

외딴 집으로 돌아가는 길
한 발자국 떼기가 이리 무거울 수가
오늘은 큰 무릎 꿇고 기도하렵니다
편히 쉬세요

그리움

식당 옆자리에 앉은 노신사
곁눈질해 보고 화들짝 놀랐다
돌아가신 아버님 얼굴이 떠올랐다
생긴 모습은 달라도 바로 옆에 앉아 계신다

무얼 주문할까 궁금하다
이럴 수가 똑같은 설렁탕을 주문한다
찬찬히 엿본다
많이도 닮으셨다 훤한 이마에 흰 눈썹, 쌍꺼풀

숟가락을 쥔 손에 맥이 탁 풀린다
아버님이 보고 싶다
하염없이 눈물이 흐른다
어머니는 오늘 어디 가셨나

어머니의 차창 밖

어머니의 차창 밖 풍경을 만지려고
작은 두 손을 한껏 뻗는다
한 발짝 더 다가가도 잡히지 않는다

힘들게 키운 자식들을 뒤로한 채
지나온 사랑을 가슴에 묻고
구름 위에서 손짓하는 그를 따라가려 한다
조심스레 발을 내디뎌 본다
솜사탕 같은 구름이기를 바랐는데
쑤욱 빠지고 만다
구부정한 몸이 휘청거리며 가슴이 철렁댄다

내게 그리 살라고 한 인생을 두 팔로 안아 본다
아이코 꿈이길 다행이다
아직도 할 일이 많이 남아 있다
인연이 필요 없는 가족이란 존재

옆자리

언제부터인가 비어 있는 그 자리를
물끄러미 쳐다보고 또 본다
두리번두리번 콩닥대는 이 마음은
연락할 수 있는 방법을 잊은 지 오래되었다

어떻게 할까
어떻게 할까
달무리가 지고 이슬방울이 맺힌 새벽까지
뒤척이고 뒤척이다 긴긴날이 흘렀다
미소 지으며 앉았던 이는 어디로 갔을까

무심한 추억들은 모두 자리를 떠나고
주위를 살펴보니 아무도 없다
빈자리에 슬그머니 앉아 본다
한참을 울고 나니 옆자리가 없어졌다

사모곡思母曲

때늦은 가을 단풍 마실 나와 보니
저 멀리 산 너머 보광사* 영각전靈覺殿
아버님 옆에 계신 어머님이 보인다

잔소리할 수 있는 어머니가 안 계셔서 아쉽다
철 지난 용서를 구하려 추억의 서랍을 열어 본다

옅은 미소 띤 지장보살 아래 어머님 영정
자식들 모두 합장하고 있는데
낙엽의 끝자락은 누가 깨물어 그리도 빨갛게 되었나
그만 눈물이 난다
그토록 원하시던 좋은 곳에 가셨을까
한 줌 인생 앞에 절 한 번씩 올릴 때마다
시름 한 번 달래며 편히 계시라 빌고 또 빈다

옴마니밧메훔 염불 소리에
어제도 계셨던 어머님이 손 흔들며 멀리멀리 떠나신다
오늘 밤 꿈에는 어떤 모습으로 나타나실까

아버님은 만나셨을까

* 보광사: 경기도 파주시 광탄면 소재 고령산 천년 사찰.

사대四代의 눈물

수목장 가족목家族木에
한 사람 또 한 사람
땅속으로 들어가 자리를 잡는다

그 사이에 다른 이 못 들어오게
흙을 꾹꾹 눌러 밟는다
이승과 저승의 틈새를 메우고 또 메운다
하나뿐인 손자를 멀리 보내는 날 외로울까 봐
눈물로 간직해 온 할머니와 어머니를
함께 옮겼다

사는 게 뭐라고
죽는 게 뭐라고
인연에 얽힌 사랑의 눈물이 멈추질 않는다
남겨진 아비 어미 마음을 그 아들은 알까

보는 이들이 목 놓아 운다
한 사람 한 사람씩 불러 본다
대성통곡밖에 하릴없다

오늘은 실컷 울어야겠다
하늘나라에서는 이런 일이 없었으면

문턱

삶의 문턱 희망 고개 넘기 위해
이 꽃 만져 보고 저 열매 탐내고
골짝 골짝 헤집어도 속마음을 주지 않는 산

끓는 속을 뒤집어 놓는 순간 문턱
한 발걸음 모자란 여유 때문에
문턱 하나 밟을 때마다
가시 돋친 발바닥 앞에 스러져가는 사계절들

가부좌 틀고 앉아도 가시방석
낮은 문턱 깎아 본들 문턱 숨보다 높은 눈치
땅속에 머리부터 숨기고픈 지금 여기
백일기도 천일제가 무슨 소용인가

염화시중의 미소가 어려운 줄 알고
거친 숨을 멈추니 잔물결 풍경 소리 댕그랑
고요한 산사 바람이 밀치락달치락
새 문턱 아닌 내 문턱 먼저
넘으라 소리에 못내 눈물짓는다

시詩의 문고리

높고 깊은 산하山河
새벽이슬 머금고 있는 시詩
그 속에서 갈등하고 있는 삼라만상
쓰는 것이 아닌 읽기 위해서
열어젖힌 시의 문고리

보고 싶은 꽃과 보이는 꽃의 다름
아슬아슬한 참과 거짓들
새록새록 돋아나는 화두 속에 갇혀
어쩔 줄 모르는 지금
허울을 버리고 포근한 그 속에 안기니
처마 끝 풍경風磬이 헤살대며 시를 읊는다

착각錯覺

봄 길을 나서 깊은 산에 오르니
어디선가 들려오는 산새 울음

맑디맑은 소리는 흉내 내지 못하고
이름도 모르지만 서로 쳐다볼 뿐
내 마음 속에 저 새를 품고
저 멀리 날아갈 수 있을까

착시 속에 커져만 가는 착각
이 모두 하늘 아래의 꿈
시詩의 울타리 속에서
찾을수록 더욱 작아지는 하루

하늘에 바짝 붙을 수밖에 없는 오늘
시詩를 핑계 댈 수 있어 행복하다

시인

시를 쓴다
어제를 곱씹어 본 후
오늘과 치열한 싸움을 하고 나서야
내일의 꿈도 꾼다

땅거미 이불을 덮고
잠 잘 준비하는 해는 무얼 했을까
거무룩한 이 밤에 별과 달도 시를 쓸까

시와 친구가 된 후
어제 오늘 내일과 어우러져
시간 줄넘기도 하고
그들과 막걸리 한잔하며
한껏 술래잡기도 할 수 있음은
시인의 가시밭이자 행복

최고의 사치

내가 부릴 수 있는 사치는
머리숱이 적어도
한 달에 한 번 이발소에 들르는 것
주말도 아닌 평일에
인적 드문 산길에서 주인 행세하는 것
손도 없는 주막에
막걸리 한 잔을 앞에 놓고 빙그레 웃는 것
빈 목욕탕을 차지하고
알 듯 모를 듯한 옛 어른들 흉내 내는 것

일 바쁜 젊은이들에게
같잖이 충고랍시고 하는 말들
허리춤에 만보기 차고 일만 보 채우지 못했다며
툴툴대며 몇 걸음 더 가는 것
돌이켜 보면 이 모든 것이
지금 여기에서 누리는 최고의 사치이자 행복
또 다른 여백餘白이 생기면
그 속에는 무얼 채울까

정停 II

모세 혈관으로 빨려 들어간
걸쭉한 탁배기 한 잔
곳곳의 세포가 온갖 춤을 춘다
어화둥둥 어둥둥

주인 없는 주막에서
길 가는 나그네는 한 사발 또 한 사발
난리법석을 떠는 내 아우성들
핑핑거리는 세상살이
얼씨구나절씨구나

갑자기 모두 멈춰 버렸다
모두들 어디로 갈 줄을 모른다
정停이 말을 붙인다
살며 긴한 게 정停이라고
찰나의 머무름 그 행복

어화둥둥 어둥둥

싱그러운 아침 바람 나부끼자
길게 늘어선 포플러들 어깨춤 추고
한강수 은빛 물결 일렁이자
천실만실 수양버들 손을 흩날리며 인사하고
낮게 떠 있는 솜사탕 구름은 미소 짓는다

바쁜 걸음 재촉하는 나그네 길가에 멈춰 선다
상쾌한 아침에 어깨춤이 절로 난다
이곳이 내 사는 곳 맞나
느리게 사는 것도 참 좋다
어화둥둥 어둥둥

오르골 선녀

청아한 오르골 소리는
깊은 영혼의 떨림을 불러오고
오르골 옷을 입은 무녀舞女의 매력은
우리네 선녀와 다름없다

한恨이 없는 서양 무녀의 맑은 소리는
국악國樂의 한과 다른 듯 같고
같은 선녀의 다른 생김생김은
동양란과 서양란 가향佳香의 차이일 뿐

시인의 행복

내가 시인이 된 까닭은
나에게 숨김없이 물을 수 있고
나에게 거짓 없이 답할 수 있기 때문이다
숫저운 일기를 쓰고 있을 따름이다
나를 에워싼 예나 지금을

앞다퉈 도망치는 화두話頭는
게으름뱅이의 주위를 맴돌며
지금 여기라고 소리치고 있다
그럴듯하게 포장되고 있는 삶을
참 자연으로 되돌아가게 해 주는
오늘 하루는 그래서 고맙다

시인의 행복은 단지 그뿐

물음표

무엇을 기대했었나?
대체 어떻게 해왔었나?
언제부터 그렇게 되었지?
지금 후회하고 있다는 건가?
앞으로 어디까지 흘러갈 수 있을까?
내 얼마나 모르고 있었나?
남은 삶에 또 다른 물음표가 필요할까?

시詩라는 일기장에 화두話頭를 던진다
오늘의 이 불편한 안도감은 행복일까?

늦가을의 동행

단풍잎이 붉게 물들어 떨어지고
황금빛 물든 들녘에 추수하는 농부의 땀을
헤아릴 틈도 없이
하루하루가 쉼 없이 지나갑니다
바람이 불자 낙엽을 떨구어
그만 털어내고 일어서라고
재촉하는 늦가을 비가 소록소록 내립니다

애타게 기다리던 오색단풍 지는 모습은
우리네 삶이 피고 지는 인생과 같습니다
지금 여기 살고 있는 인생은
그 자리에 다시 오지 않습니다
언제나 최고의 순간은 지금뿐
오늘 주어진 일상들이
최고의 기쁨이고 행복입니다.

수많은 어려움을 이겨내기 위해
오늘도 소박한 삶을 살기 위해
정성을 다해 나누는 소통은 작은 행복입니다
지친 일상 속에서 서로 위안이 되고

쉼터가 되는 소통상담실의 바램을 한껏 머금은 채
귀한 손님을 기다리는 마음이 가득
함께 걸어가 반가운 여정을 나누어요

나를 가두는 건 바로 나입니다
왜 내 안에서 좀처럼 나오기가 힘들까요
벽을 만들고 상자 속에 들어앉는 것은
그 누구도 아닌, 내가 만든 것
알을 깨고 나오듯 벽을 부수는 것도 나 자신일 뿐
항상 열려 있는 행복이 두 배 되는 소통상담실 문
늦가을, 여러분과 손잡고 동행하고 싶어요

우주에서 오직 하나 뿐인 여러분과
나란히 걷고 싶어요
똑똑똑 문을 두드리세요
희망의 꿈을 위한 땅고르기를 함께 해요
틀림이 아닌 다름을 함께 나누어
사랑의 공기가 흐르는 삶의 여백을 같이 만들어 가요

시간 여행

봄 가을은 마음속에서 놀고
여름 겨울은 밖에서 씨름을 한다
눈앞에 둥둥 떠다니는 시간들이
나를 앞질러 간다

오늘이 과거로 바뀌는 순간
세상에는 이렇게 많은 일들이 있었다
그때마다 행복의 중심이 움직였다

나도 몰래
동양화 속으로 살포시 들어섰다
오늘은 진정으로 봄의 초록이고 싶다

최고의 삶이란 이런 것

좋은 일

봉사라는 이름의 친절들이 모여
한 사람 한 사람씩 일어서게 한다

나는 네 편이라 하고
너는 내게 큰 신세를 졌다 한다

누군가의 뒷모습이 보이기 시작하면
그것으로 사랑이 시작된다

소리 나지 않는 마음을 들을 수 있으니
그래 괜찮아 잘한 거야

제4부

초록몽蕉鹿夢

회개

문득 치밀어 속 떨리게 하는 울림과
가슴속을 얼어붙게 하는 떨림들 속에서
작은 생각이 목구멍을 타고 넘어오려는데
누군가 어깨를 짓누른다

생각과 몸짓이 같이 얼붙어 버렸다
빛 뚜껑은 언제 열리는가
그 위에 웃음 무지개는 뜰 것인가
가여운 생각이 가슴을 뚫고 나오자
머릿속이 휑뎅그렁하다

없는 한恨에 죄 없는 눈물이 쏟아진다
발끝에서부터 가득 차 있던
그 마음은 애초부터 거짓임에 틀림없다
숨 쉬고 있는 동안 열매는 없고
그저 도전할 뿐인 질곡桎梏의 삶

시종始終은 같은데 길만 다르게 보일 뿐
아직도 모르는 마찬가지 인생
삶 속에서 지금 할 수 있는 것은
간절한 기도뿐

한 번쯤 거꾸로

동대구행 열차의 역방향 좌석
시간은 앞으로 가려고 하는데
주변의 경치는 거꾸로 간다
나는 모르는 척하고 있다

바른 방향으로 앉은 눈앞의 사람은
거꾸로 앉아 빤히 쳐다보는
나를 이상하다고 할까
누가 맞고 누가 틀린 것일까

잠깐 동안 무언의 실랑이들
서로 이렇게 하기로 정한다
우리는 이 공간과 시간 속에
그저 붕 떠 있는 것으로

있지도 않는 불협화음의 존재
한 번쯤 거꾸로 가고 싶은 마음이
오늘따라 참 딱해 보인다
못난 놈

가면假面

내 눈은 어디에 있었을까
지나온 일들을 되새겨 보니
반백이 훌쩍 넘었는데도
눈을 찾을 수 없다

보이는 눈
보려는 눈
보지 않으려는 눈들이
사뭇 싸움박질 하기 일쑤다

알량한 재주로
어울림이 없는 장난질을 하고 있다
눈은 색안경을 쓰고
마음은 빗장을 지른 채
머리는 딴생각을 하고 있다

이 모두 내가 맞나

무지렁이

1분을 끓인다
2분을 끓인다

1분을 참는다
2분을 참는다

더는 못 참고
또 끓인다

다 되었다는데
나만 모르고 있다

두 개의 문

똑, 똑, 똑
문 좀 열어 주세요
간절한 외침이 주인 없는 방에 그득하다
빈 소리가 없는 이를 찾아 헤맨다

울다가 웃는다
드디어 찾은 것인가
맞은편 창가 쪽의 새 문을 열고 나간다
소리 없는 정적만 남은 그 방이 불쌍하다
방문은 모두 열려 있다
슬그머니 그 문을 닫아 본다
나 몰래

소낙비울음

툭툭
굵은 빗방울이 머리를 때린다
한 방울 한 방울 떨어질 때마다
주인을 잃은 정체성이 사유思惟를 찾아 헤맨다
먼 길을 가더라도 그와 같이 가려고

문설주와 문턱이 함께 흔들린다
오랜 경계를 넘어 모험의 다리를 건넌다
우회로와 미로 모두를 문전박대하고
새 암호를 찾아 그곳을 두드린다

소낙비울음이 빨리 가려 한다
뚝뚝 양철 지붕을 땡강거린다
쓰러질 듯 휘청거리며 낡은 머리를 비운다
겨우 한 발자국을 내딛는다
같이 울어야겠다

제각각

큰소리가 날아다닌다
한쪽 벽에 부딪친 후 기죽어
모서리에 자리 잡고 웅크린다
찡그린 입을 빼꼼 내민다

작은 소리가 덤벼든다
헛발 짚은 후 휘청거려
제 그림자 밟고 흠칫댄다
실눈 뜨고 쑥스러워한다

꼬맹이 마음이 한 발 내딛는다
어디로 갈지 몰라
왼발 오른발 구분 못하고 제각각이다
도와 달라 눈물짓는다

전경前景

단지 전경前景에 불과한 오늘 삶
지나온 경청과 이해와 수용들
수없이 되풀이해도 교감 못 이뤄

그저 근경近景에 머물고 있는
어쭙잖은 오늘 밤

내일 다시 시작을 해야 하나

올라 보니

삼백 미터
육백 미터
천 미터 산
오르기 전 생각과 다른 차이
올라 보니 같은 산 같은 마음

수많은 계곡과 능선은
일순간 선택의 다름일 뿐
가는 길의 꽃과 나비, 산새들은
오르는 이를 알지 못할 뿐
모두 내 속에 있다 착각의 미소를 짓는다

자연 속의 미물인 것을
내려와서도 한참을 모르니
그저 한 줌의 인생이라고
크게 소리쳐 본다
이제 그만 나오라고

구름 뚫고 나온 산봉우리를
한껏 깨물어 본다

어른 바다

저 깊은 바다 속을 누가 알까
이리저리 헤집어도 천 길 만 리
그 속에는 깊은 공허함만이 가득하다

바닷길 색깔은 누가 제대로 알까
이리저리 둘러봐도 시시각각 바뀌는데
가여운 도화지와 애꿎은 물감 탓만 하고 있다

저 맑은 바닷길 마음을 누가 알까
요리조리 바꿔 봐도 네 탓 내 탓만
고쳐 잡은 가슴 속에는 빈 파랑波浪만 일렁인다

잠깐 사라진 바닷길은 어디로 갔을까
쉽게 답을 주지 않는 바다의 청정淸淨 마음
그새 무슨 일이 있었나 궁금하다

거친 파도를 만드는 심술쟁이 바다를 나무래도
삼라만상이 씨익 웃으며 그 곁을 지나간다
한 세상에 태어나 어른 되기가 이리 힘들어서야

마중물

무수골* 가는 길섶 마중물 교회
한 바가지 물이 펌프를 살리고
한 번 기도가 인생을 바꿀 때
새 생명을 얻어 쏟아지는 환호성

예부터 더불어 살며
햇살과 별빛이 되려 용틀임하는 마중물

머리 채우기는 쉬워도
마음 채우기는 어려운데
내 속을 끌어올리려면
마중물은 얼마나 있어야 할까

* 무수골 : 서울시 도봉구 소재 북한산 둘레길에 위치.

나에게 묻는다

길가에 서서 묻는다
나를 거쳐 간 수많은 시간들 속에서
맞았다 옳았다 했던 일들

흐릿하고 몽롱해진 기억들을
찬찬히 더듬고 헤집어 본다
그때는 겁겁했었지

그 시간들이 내 앞에 다시 나타난다면
그때처럼 똑같이 했을까
맞고 틀린 것은 정녕 무엇일까

곱씹어 보는 이 순간에
변한 나와 그렇지 않은 나를
알아챌 수 있을까

눈치

작은 눈치와 큰 눈치 둘 다 보느라
불타는 가슴은 점점 작아지고
온갖 핑계를 둘러대도 쉬이 나타나는 새 눈치
긍정의 마음으로 다시 훔쳐봐도
없어지지 않는 부끄러움

남의 눈치와 내 눈치 엿보다가
금세 딸꾹대며 들킨다
더 큰 외침을 토해 내도 듣는 이 없다
딴짓하며 먼 곳을 쳐다봐도
마르지 않는 눈물

그 눈치들 모두 어디로 보낼까

마음 휴지통

내 속에 분노가 일고
남 탓과 화가 치밀어도
이내 마음은 평온
가져다 버릴 수 있는 휴지통이 있기 때문

걱정이 한 겹 두 겹 쌓이고
갈등의 회오리가 휘몰아쳐도
내 마음은 잔잔
마음 휴지통을 만들어 놓은 까닭

자그마한 통의 뜻을 몰랐던 지난날들
그 통을 만드는데 반백 년 넘게 걸렸는데
새로운 통을 하나 더 만들어야 할 듯
검은색이 아닌 투명한 통으로

속까지 볼 수 있도록

초록몽 蕉鹿夢

나는 스스로 나이를 먹지 않았다
인연이 몸을 조각했고
자연이 마음을 성숙시켰고
우연들이 삶을 굴곡지게 했다
제대로 보는 눈을 갖게 되었고
세월의 흐름에 거침없이 입을 토해 냈다

갑자기 제자리에 선 이 순간에
모든 진실이 드러났다
한갓 초록몽 蕉鹿夢이었음을
나는 스스로 나이를 먹은 것이 아니었다
흐르는 세월에 주름살이 패었을 뿐
골짝 나는 눈물도 이제는 내 것이 아니다

내 그림자

자꾸 따라온다
하는 짓이 똑같다
모르게 틀어 보아도 곧잘 따라 한다
오지 마라 손사래 쳐도 이내 붙는다
하는 짓이 그리 밉지 않다

잊고 있던 그림자
떼려야 뗄 수 없는 그 영혼
썩 괜찮은 내 단짝

아무도 모르는 지난 세월을
그림자는 알고 있겠지
먼저 나를 떠나지는 않을 거야
오늘 밤에는 모든 불을 꺼 볼까

별과 나

별이 빛나는 밤이 시작되었다
올해가 간다고 난리법석이다
지나간 시간과 공간 속에서
어떻게 서 있었을까

지금 여기 별을 세는 밤에
얼치기 공치사와 회한이 싸우고 있다
너 잘났다 나 잘났다 한다
얼마 지나지 않아 모두 잘났다 한다
오늘 뜬 별들이 모두 웃고 있겠지
새해에도 이곳에서 별을 셀 수 있을까

계간문예시인선 **214**

박충윤 제2시집 _ 소소한 독백

초판 인쇄   2025년 2월 20일
초판 발행   2025년 2월 25일

지 은 이   박충윤
회   장   서정환
발 행 인   정종명
편집주간   차윤옥

펴 낸 곳   도서 **계간문예**
              출판
주   소   03132 서울 종로구 삼일대로 30길 21 종로오피스텔 1209호
전   화   (02) 3675-5633 팩스 (02) 766-4052
이 메 일   munin5633@naver.com
홈페이지   http://cafe.daum.net/quarterly2015
등   록   2005년 3월 9일 제300-2005-34호
연 락 처   03132 서울 종로구 삼일대로 32길 36 운현신화타워 305호
인   쇄   54991 전북 전주시 완산구 공북1길 16, 신아출판사
ISBN 978-89-6554-312-1 04810
ISBN 978-89-6554-118-9 (세트)

값 12,000원

잘못 만든 책은 바꾸어 드립니다.
저자와 협의하여 인지를 생략합니다.